Mon carnet de recettes à compléter

informations personnelles:

Nom:........................ **Téléphone:**........................

Prénom:........................ **E-mail:**............@............

Adresse:........................ **Recette favorite:**........................

© 2018, René Charpin
Édition : BoD - Books on Demand, 12/14 rond-point des Champs-Élysées, 75008 Paris
Impression : BoD - Books on Demand, Norderstedt, Allemagne
ISBN : 978-2-3222-4851-3
Prix : 9,99€
Dépôt légal : 02/21

Mes recettes

		Entrée	Plat	Dessert	. . . .
1	....	☐	☐	☐	☐
2	....	☐	☐	☐	☐
3	....	☐	☐	☐	☐
4	....	☐	☐	☐	☐
5	....	☐	☐	☐	☐
6	....	☐	☐	☐	☐
7	....	☐	☐	☐	☐
8	....	☐	☐	☐	☐
9	....	☐	☐	☐	☐
10	....	☐	☐	☐	☐
11	....	☐	☐	☐	☐
12	....	☐	☐	☐	☐
13	....	☐	☐	☐	☐
14	....	☐	☐	☐	☐
15	....	☐	☐	☐	☐
16	....	☐	☐	☐	☐
17	....	☐	☐	☐	☐
18	....	☐	☐	☐	☐
19	....	☐	☐	☐	☐
20	....	☐	☐	☐	☐
21	....	☐	☐	☐	☐
22	....	☐	☐	☐	☐
23	....	☐	☐	☐	☐
24	....	☐	☐	☐	☐
25	....	☐	☐	☐	☐

Mes recettes

		Entrée	Plat	Dessert	.
26	....	☐	☐	☐	☐
27	....	☐	☐	☐	☐
28	....	☐	☐	☐	☐
29	....	☐	☐	☐	☐
30	....	☐	☐	☐	☐
31	....	☐	☐	☐	☐
32	....	☐	☐	☐	☐
33	....	☐	☐	☐	☐
34	....	☐	☐	☐	☐
35	....	☐	☐	☐	☐
36	....	☐	☐	☐	☐
37	....	☐	☐	☐	☐
38	....	☐	☐	☐	☐
39	....	☐	☐	☐	☐
40	....	☐	☐	☐	☐
41	....	☐	☐	☐	☐
42	....	☐	☐	☐	☐
43	....	☐	☐	☐	☐
44	....	☐	☐	☐	☐
45	....	☐	☐	☐	☐
46	....	☐	☐	☐	☐
47	....	☐	☐	☐	☐
48	....	☐	☐	☐	☐
49	....	☐	☐	☐	☐
50	....	☐	☐	☐	☐

Nom de la recette :
....

Recette n° .....

Prix .... €

🕐 **Temps de préparation :**
....

⏱ **Temps de cuisson :**
....

🍽 **Nombre de portions :**
....

Ingrédients

....
....
....
....
....
....
....
....
....
....

Préparation

....
....
....
....
....
....
....
....
....
....

Difficulté
☆☆☆☆☆

Évaluation
☆☆☆☆☆

📝 **Notes** ....
....
....
....

Nom de la recette :
....

Recette n°......

Prix .... €

Temps de préparation :
....

Temps de cuisson :
....

Nombre de portions :
....

Ingrédients

....
....
....
....
....
....
....
....
....
....

Préparation

....
....
....
....
....
....
....
....
....
....

Difficulté
☆☆☆☆☆

Évaluation
☆☆☆☆☆

Notes ....
....
....
....

Nom de la recette:

....

Recette n° .....

Prix .... €

🕐 Temps de préparation:
....

⏱ Temps de cuisson:
....

🍽 Nombre de portions:
....

Ingrédients

....
....
....
....
....
....
....
....
....
....

Préparation

....
....
....
....
....
....
....
....
....
....

Difficulté
☆☆☆☆☆

Évaluation
☆☆☆☆☆

📝 Notes
....
....
....
....

Nom de la recette :
....

Recette n° .....

Prix .... €

Temps de préparation :
....

Temps de cuisson :
....

Nombre de portions :
....

Ingrédients

....
....
....
....
....
....
....
....
....
....

Préparation

....
....
....
....
....
....
....
....
....
....

Difficulté ☆☆☆☆☆

Évaluation ☆☆☆☆☆

Notes ....
....
....
....

Nom de la recette:
....

Recette n° .....

Prix .... €

🕐 **Temps de préparation:**
....

⏱ **Temps de cuisson:**
....

🍽 **Nombre de portions:**
....

Ingrédients

....
....
....
....
....
....
....
....
....
....

Préparation

....
....
....
....
....
....
....
....
....
....

Difficulté ☆☆☆☆☆

Évaluation ☆☆☆☆☆

📝 **Notes** ....
....
....
....

Nom de la recette:

....

Recette n°......

Prix .... €

Temps de préparation:
....

Temps de cuisson:
....

Nombre de portions:
....

Ingrédients

....
....
....
....
....
....
....
....
....
....

Préparation

....
....
....
....
....
....
....
....
....
....

Difficulté ☆☆☆☆☆

Évaluation ☆☆☆☆☆

Notes ....
....
....
....

Nom de la recette:
....

Recette n° .....

Prix .... €

Temps de préparation:
....

Temps de cuisson:
....

Nombre de portions:
....

Ingrédients

....
....
....
....
....
....
....
....
....
....

Préparation

....
....
....
....
....
....
....
....
....
....

Difficulté
☆☆☆☆☆

Évaluation
☆☆☆☆☆

Notes ....
....
....
....

Nom de la recette:
....

Recette n° .....

Prix .... €

Temps de préparation:
....

Temps de cuisson:
....

Nombre de portions:
....

Ingrédients

....
....
....
....
....
....
....
....
....
....

Préparation

....
....
....
....
....
....
....
....
....
....

Difficulté ☆☆☆☆☆

Évaluation ☆☆☆☆☆

Notes ....
....
....
....

Nom de la recette:

....

Recette n° .....

Prix .... €

Temps de préparation:
....

Temps de cuisson:
....

Nombre de portions:
....

Ingrédients

....
....
....
....
....
....
....
....
....
....

Préparation

....
....
....
....
....
....
....
....
....
....

Difficulté
☆☆☆☆☆

Évaluation
☆☆☆☆☆

Notes
....
....
....
....

Nom de la recette:

....

Recette n° .....

Prix .... €

Temps de préparation:
....

Temps de cuisson:
....

Nombre de portions:
....

Ingrédients

....
....
....
....
....
....
....
....
....
....

Préparation

....
....
....
....
....
....
....
....
....
....

Difficulté ☆☆☆☆☆

Évaluation ☆☆☆☆☆

Notes ....
....
....
....

Nom de la recette:
....

Recette n° .....

Prix .... €

Temps de préparation:
....

Temps de cuisson:
....

Nombre de portions:
....

Ingrédients

....
....
....
....
....
....
....
....
....
....

Préparation

....
....
....
....
....
....
....
....
....
....

Difficulté
☆☆☆☆☆

Évaluation
☆☆☆☆☆

Notes ....
....
....
....

Nom de la recette :

....

Recette n° .....

Prix .... €

🕐 **Temps de préparation :**
....

⏱ **Temps de cuisson :**
....

🍽 **Nombre de portions :**
....

Ingrédients

....
....
....
....
....
....
....
....
....
....

Préparation

....
....
....
....
....
....
....
....
....
....

Difficulté ☆☆☆☆☆

Évaluation ☆☆☆☆☆

📝 **Notes** ....
....
....
....

Nom de la recette:
....

Recette n° .....

Prix .... €

Temps de préparation:
....

Temps de cuisson:
....

Nombre de portions:
....

Ingrédients

....
....
....
....
....
....
....
....
....
....

Préparation

....
....
....
....
....
....
....
....
....
....

Difficulté
☆☆☆☆☆

Évaluation
☆☆☆☆☆

Notes ....
....
....
....

Nom de la recette :

....

Recette n°.....

Prix ....€

🕐 **Temps de préparation :**
....

⏱️ **Temps de cuisson :**
....

🍽️ **Nombre de portions :**
....

Ingrédients

....
....
....
....
....
....
....
....
....
....

Préparation

....
....
....
....
....
....
....
....
....
....

Difficulté
☆☆☆☆☆

Évaluation
☆☆☆☆☆

✏️ **Notes** ....
....
....
....

Nom de la recette:

....

Recette n° .....

Prix .... €

🕐 **Temps de préparation:**
....

⏱ **Temps de cuisson:**
....

🍽 **Nombre de portions:**
....

Ingrédients

....
....
....
....
....
....
....
....
....
....

Préparation

....
....
....
....
....
....
....
....
....
....

Difficulté
☆ ☆ ☆ ☆ ☆

Évaluation
☆ ☆ ☆ ☆ ☆

📝 **Notes** ....
....
....
....

Nom de la recette:

....

Recette n° .....

Prix .... €

Temps de préparation:
....

Temps de cuisson:
....

Nombre de portions:
....

Ingrédients

....
....
....
....
....
....
....
....
....
....

Préparation

....
....
....
....
....
....
....
....
....
....

Difficulté
☆☆☆☆☆

Évaluation
☆☆☆☆☆

Notes
....
....
....
....

Nom de la recette:
....

Recette n° .....

Prix .... €

Temps de préparation:
....

Temps de cuisson:
....

Nombre de portions:
....

Ingrédients

....
....
....
....
....
....
....
....
....
....

Préparation

....
....
....
....
....
....
....
....
....
....

Difficulté
☆☆☆☆☆

Évaluation
☆☆☆☆☆

📝 Notes
....
....
....
....

Nom de la recette:

....

Recette n° .....

Prix .... €

Temps de préparation:
....

Temps de cuisson:
....

Nombre de portions:
....

Ingrédients

....
....
....
....
....
....
....
....
....
....

Préparation

....
....
....
....
....
....
....
....
....
....

Difficulté
☆☆☆☆☆

Évaluation
☆☆☆☆☆

Notes ....
....
....
....

Nom de la recette:

....

Recette n°.....

Prix .... €

🕐 **Temps de préparation:**
....

⏱ **Temps de cuisson:**
....

🍽 **Nombre de portions:**
....

Ingrédients

....
....
....
....
....
....
....
....
....
....

Préparation

....
....
....
....
....
....
....
....
....
....

Difficulté
☆☆☆☆☆

Évaluation
☆☆☆☆☆

📝 **Notes** ....

....

....

....

Nom de la recette:

....

Recette n° .....

Prix .... €

Temps de préparation:
....

Temps de cuisson:
....

Nombre de portions:
....

Ingrédients

....
....
....
....
....
....
....
....
....
....

Préparation

....
....
....
....
....
....
....
....
....
....

Difficulté
☆ ☆ ☆ ☆ ☆

Évaluation
☆ ☆ ☆ ☆ ☆

Notes
....
....
....
....

Nom de la recette:
....

Recette n° .....

Prix .... €

🕐 **Temps de préparation:**
....

⏱ **Temps de cuisson:**
....

🍽 **Nombre de portions:**
....

Ingrédients

....
....
....
....
....
....
....
....
....
....

Préparation

....
....
....
....
....
....
....
....
....
....

Difficulté
☆☆☆☆☆

Évaluation
☆☆☆☆☆

📝 **Notes** ....
....
....
....

Nom de la recette:

....

Recette n° .....

Prix .... €

Temps de préparation:
....

Temps de cuisson:
....

Nombre de portions:
....

Ingrédients

....
....
....
....
....
....
....
....
....
....

Préparation

....
....
....
....
....
....
....
....
....
....

Difficulté
☆☆☆☆☆

Évaluation
☆☆☆☆☆

Notes
....
....
....
....

Nom de la recette:
....

Recette n° .....

Prix .... €

🕐 **Temps de préparation:**
....

⏱ **Temps de cuisson:**
....

🍽 **Nombre de portions:**
....

Ingrédients

....
....
....
....
....
....
....
....
....
....

Préparation

....
....
....
....
....
....
....
....
....
....

Difficulté
☆☆☆☆☆

Évaluation
☆☆☆☆☆

📝 **Notes** ....
....
....
....

Nom de la recette :

....

Recette n° .....

Prix .... €

Temps de préparation :
....

Temps de cuisson :
....

Nombre de portions :
....

Ingrédients

....
....
....
....
....
....
....
....
....
....

Préparation

....
....
....
....
....
....
....
....
....
....

Difficulté
☆ ☆ ☆ ☆ ☆

Évaluation
☆ ☆ ☆ ☆ ☆

📝 Notes
....
....
....
....

Nom de la recette:
....

Recette n° .....

Prix .... €

🕐 **Temps de préparation:**
....

⏱ **Temps de cuisson:**
....

🍽 **Nombre de portions:**
....

Ingrédients

....
....
....
....
....
....
....
....
....
....

Préparation

....
....
....
....
....
....
....
....
....
....

Difficulté ☆☆☆☆☆

Évaluation ☆☆☆☆☆

📝 **Notes** ....
....
....
....

Nom de la recette:

....

Recette n°......

Prix .... €

Temps de préparation:
....

Temps de cuisson:
....

Nombre de portions:
....

Ingrédients

....
....
....
....
....
....
....
....
....
....
....

Préparation

....
....
....
....
....
....
....
....
....
....
....

Difficulté
☆ ☆ ☆ ☆ ☆

Évaluation
☆ ☆ ☆ ☆ ☆

Notes
....
....
....
....

Nom de la recette:
....

Recette n° .....

Prix .... €

🕐 **Temps de préparation:**
....

⏱ **Temps de cuisson:**
....

🍽 **Nombre de portions:**
....

Ingrédients

....
....
....
....
....
....
....
....
....
....

Préparation

....
....
....
....
....
....
....
....
....
....

Difficulté
☆☆☆☆☆

Évaluation
☆☆☆☆☆

📝 **Notes** ....
....
....
....

Nom de la recette:
....

Recette n°.....

Prix ....€

Temps de préparation:
....

Temps de cuisson:
....

Nombre de portions:
....

Ingrédients

....
....
....
....
....
....
....
....
....
....

Préparation

....
....
....
....
....
....
....
....
....
....

Difficulté
☆☆☆☆☆

Évaluation
☆☆☆☆☆

📝 **Notes** ....
....
....
....

Nom de la recette:
....

Recette n° .....

Prix .... €

🕐 **Temps de préparation:**
....

⏱ **Temps de cuisson:**
....

🍽 **Nombre de portions:**
....

Ingrédients

....
....
....
....
....
....
....
....
....
....

Préparation

....
....
....
....
....
....
....
....
....
....

Difficulté
☆☆☆☆☆

Évaluation
☆☆☆☆☆

✎ **Notes** ....
....
....
....

Nom de la recette:

....

Recette n° .....

Prix .... €

Temps de préparation:
....

Temps de cuisson:
....

Nombre de portions:
....

Ingrédients

....
....
....
....
....
....
....
....
....
....

Préparation

....
....
....
....
....
....
....
....
....
....

Difficulté
☆☆☆☆☆

Évaluation
☆☆☆☆☆

Notes ....
....
....
....

Nom de la recette:
....

Recette n°.....

Prix .... €

🕐 Temps de préparation:
....

⏱ Temps de cuisson:
....

🍽 Nombre de portions:
....

Ingrédients

Préparation

....
....
....
....
....
....
....
....
....
....

....
....
....
....
....
....
....
....
....
....

Difficulté
☆☆☆☆☆

Évaluation
☆☆☆☆☆

📝 Notes
....
....
....
....

Nom de la recette:
....

Recette n° .....

Prix .... €

Temps de préparation:
....

Temps de cuisson:
....

Nombre de portions:
....

Ingrédients

....
....
....
....
....
....
....
....
....
....

Préparation

....
....
....
....
....
....
....
....
....
....

Difficulté
☆☆☆☆☆

Évaluation
☆☆☆☆☆

Notes ....
....
....
....

Nom de la recette:

....

Recette n° .....

Prix .... €

Temps de préparation:
....

Temps de cuisson:
....

Nombre de portions:
....

Ingrédients

....
....
....
....
....
....
....
....
....
....

Préparation

....
....
....
....
....
....
....
....
....
....

Difficulté
☆☆☆☆☆

Évaluation
☆☆☆☆☆

Notes
....
....
....
....

Nom de la recette:
....

Recette n° .....

Prix .... €

Temps de préparation:
....

Temps de cuisson:
....

Nombre de portions:
....

Ingrédients

....
....
....
....
....
....
....
....
....
....

Préparation

....
....
....
....
....
....
....
....
....
....

Difficulté
☆☆☆☆☆

Évaluation
☆☆☆☆☆

Notes ....
....
....
....

Nom de la recette:
....

Recette n° .....

Prix .... €

Temps de préparation:
....

Temps de cuisson:
....

Nombre de portions:
....

Ingrédients

....
....
....
....
....
....
....
....
....
....

Préparation

....
....
....
....
....
....
....
....
....
....

Difficulté
☆☆☆☆☆

Évaluation
☆☆☆☆☆

✎ **Notes** ....
....
....
....

Nom de la recette :

....

Recette n° .....

Prix .... €

Temps de préparation :
....

Temps de cuisson :
....

Nombre de portions :
....

Ingrédients

....
....
....
....
....
....
....
....
....

Préparation

....
....
....
....
....
....
....
....
....

Difficulté ☆☆☆☆☆

Évaluation ☆☆☆☆☆

Notes ....
....
....
....

Nom de la recette:
....

Recette n° .....

Prix .... €

🕐 **Temps de préparation:**
....

⏱ **Temps de cuisson:**
....

🍽 **Nombre de portions:**
....

Ingrédients

... .
... .
... .
... .
... .
... .
... .
... .
... .
... .

Préparation

....
....
....
....
....
....
....
....
....
....

Difficulté
☆☆☆☆☆

Évaluation
☆☆☆☆☆

📝 **Notes** ....
....
....
....

Nom de la recette :

....

Recette n°.....

Prix .... €

Temps de préparation :
....

Temps de cuisson :
....

Nombre de portions :
....

Ingrédients

....
....
....
....
....
....
....
....
....
....

Préparation

....
....
....
....
....
....
....
....
....
....

Difficulté
☆☆☆☆☆

Évaluation
☆☆☆☆☆

Notes ....
....
....
....

Nom de la recette:
....

Recette n° .....

Prix .... €

Temps de préparation:
....

Temps de cuisson:
....

Nombre de portions:
....

Ingrédients

....
....
....
....
....
....
....
....
....
....

Préparation

....
....
....
....
....
....
....
....
....
....

Difficulté ☆☆☆☆☆

Évaluation ☆☆☆☆☆

✎ **Notes** ....
....
....
....

Nom de la recette:

....

Recette n° .....

Prix .... €

🕐 Temps de préparation:
....

⏱ Temps de cuisson:
....

🍽 Nombre de portions:
....

Ingrédients

....
....
....
....
....
....
....
....
....
....

Préparation

....
....
....
....
....
....
....
....
....
....

Difficulté
☆☆☆☆☆

Évaluation
☆☆☆☆☆

📝 Notes
....
....
....
....

Nom de la recette:
....

Recette n° .....

Prix .... €

Temps de préparation:
....

Temps de cuisson:
....

Nombre de portions:
....

Ingrédients | Préparation

.... | ....
.... | ....
.... | ....
.... | ....
.... | ....
.... | ....
.... | ....
.... | ....
.... | ....
.... | ....

Difficulté
☆☆☆☆☆

Évaluation
☆☆☆☆☆

✎ Notes
....
....
....
....

Nom de la recette:

....

Recette n° .....

Prix .... €

Temps de préparation:
....

Temps de cuisson:
....

Nombre de portions:
....

Ingrédients

....
....
....
....
....
....
....
....
....
....

Préparation

....
....
....
....
....
....
....
....
....
....

Difficulté
☆☆☆☆☆

Évaluation
☆☆☆☆☆

Notes
....
....
....
....

Nom de la recette:
....

Recette n° .....

Prix .... €

Temps de préparation:
....

Temps de cuisson:
....

Nombre de portions:
....

Ingrédients

....
....
....
....
....
....
....
....
....
....

Préparation

....
....
....
....
....
....
....
....
....
....

Difficulté
☆☆☆☆☆

Évaluation
☆☆☆☆☆

Notes ....
....
....
....

Nom de la recette:
....

Recette n° .....

Prix .... €

Temps de préparation:
....

Temps de cuisson:
....

Nombre de portions:
....

Ingrédients

....
....
....
....
....
....
....
....
....
....

Préparation

....
....
....
....
....
....
....
....
....
....

Difficulté
☆ ☆ ☆ ☆ ☆

Évaluation
☆ ☆ ☆ ☆ ☆

Notes
....
....
....
....

Nom de la recette:
....

Recette n° .....

Prix .... €

🕐 Temps de préparation:
....

⏱ Temps de cuisson:
....

🍽 Nombre de portions:
....

Ingrédients

....
....
....
....
....
....
....
....
....
....

Préparation

....
....
....
....
....
....
....
....
....
....

Difficulté
☆☆☆☆☆

Évaluation
☆☆☆☆☆

📝 Notes
....
....
....
....

Nom de la recette:

....

Recette n° .....

Prix .... €

Temps de préparation:
....

Temps de cuisson:
....

Nombre de portions:
....

Ingrédients

....
....
....
....
....
....
....
....
....
....

Préparation

....
....
....
....
....
....
....
....
....
....

Difficulté ☆☆☆☆☆

Évaluation ☆☆☆☆☆

Notes ....
....
....
....

Nom de la recette:
....

Recette n° .....

Prix .... €

🕐 Temps de préparation:
....

⏱ Temps de cuisson:
....

🍽 Nombre de portions:
....

Ingrédients

....
....
....
....
....
....
....
....
....
....

Préparation

....
....
....
....
....
....
....
....
....
....

Difficulté ☆☆☆☆☆

Évaluation ☆☆☆☆☆

📝 **Notes** ....
....
....
....

Nom de la recette:

....

Recette n° .....

Prix .... €

Temps de préparation:
....

Temps de cuisson:
....

Nombre de portions:
....

Ingrédients

....
....
....
....
....
....
....
....
....
....

Préparation

....
....
....
....
....
....
....
....
....
....

Difficulté
☆☆☆☆☆

Évaluation
☆☆☆☆☆

📝 Notes
....
....
....
....

Nom de la recette:
....

Recette n° .....

Prix .... €

🕐 **Temps de préparation:**
....

⏱ **Temps de cuisson:**
....

🍽 **Nombre de portions:**
....

Ingrédients

....
....
....
....
....
....
....
....
....
....

Préparation

....
....
....
....
....
....
....
....
....
....

Difficulté ☆☆☆☆☆

Évaluation ☆☆☆☆☆

📝 **Notes** ....
....
....
....

Nom de la recette:
....

Recette n° .....

Prix .... €

Temps de préparation:
....

Temps de cuisson:
....

Nombre de portions:
....

Ingrédients

....
....
....
....
....
....
....
....
....
....

Préparation

....
....
....
....
....
....
....
....
....
....

Difficulté
☆ ☆ ☆ ☆ ☆

Évaluation
☆ ☆ ☆ ☆ ☆

Notes ....
....
....
....